This book belongs to:

Phone number:

Email Address:

School:

School Address:

Room Number:

Grade/ Year:

TABLE OF CONTENTS

SEMESTER DATES

SEPT	OCT
NOV	DEC
JAN	FEB
MAR	APR
MAY	JUNE
JULY	AUG

CLASSROOM MANAGEMENT

RULES

REWARDS

CONSEQUENCES

CLASSROOM STOP PROCEDURES

PRINCIPAL: ext:
VICE PRINCIPAL: ext:
SCHOOL SECRETARY: ext:

EMERGENCY PROCEDURES

FIRST AID LOCATION	NURSE EXTENTION:
FIRE DRILL INSTRUCTIONS	**OTHER EMERGENCY INSTRUCTIONS**

YEAR AT A GLANCE

SEPTEMBER	OCTOBER	NOVEMBER

DECEMBER	JANUARY	FEBRUARY

YEAR AT A GLANCE

MARCH	APRIL	MAY

JUNE	JULY	AUG

PARENT CONTACT INFORMATION

	Student	Parent(s)	Phone	Email
1				
2				
3				
4				
5				
6				
7				
8				
9				
10				
11				
12				
13				
14				

PARENT CONTACT INFORMATION

	Student	Parent(s)	Phone	Email
15				
16				
17				
18				
19				
20				
21				
22				
23				
24				
25				
26				
27				
28				

PARENT CONTACT INFORMATION

	Student	Parent(s)	Phone	Email
29				
30				
31				
32				
33				
34				
35				
36				
37				
38				
39				
40				
41				
42				

PARENT CONTACT INFORMATION

	Student	Parent(s)	Phone	Email
43				
44				
45				
46				
47				
48				
49				
50				
51				
52				
53				
54				
55				
56				

STUDENT TRANSPORT INFORMATION

STUDENT	CAR	BUS	Route/ Number

STUDENT TRANSPORT INFORMATION

WALK	OTHER	SPECIAL INFORMATION

STUDENT TRANSPORT INFORMATION

STUDENT	CAR	BUS	Route/ Number

STUDENT TRANSPORT INFORMATION

WALK	OTHER	SPECIAL INFORMATION

SEATING PLAN

SEATING PLAN

SEATING PLAN

BIRTHDAY CHART

SEPTEMBER	OCTOBER	NOVEMBER

DECEMBER	JANUARY	FEBRUARY

BIRTHDAY CHART

MARCH	APRIL	MAY

JUNE	JULY	AUGUST

LESSON PLAN

WEEK COMMENCING:_____

	PERIOD	PERIOD	PERIOD
	SUBJECT	SUBJECT	SUBJECT
MON			
TUES			
WED			
THRS			
FRI			

LESSON PLAN

WEEK COMMENCING:_____

| | PERIOD | PERIOD | PERIOD |
	SUBJECT	SUBJECT	SUBJECT
MON			
TUES			
WED			
THRS			
FRI			

LESSON PLAN

WEEK COMMENCING:_____

	PERIOD	PERIOD	PERIOD
	SUBJECT	SUBJECT	SUBJECT
MON			
TUES			
WED			
THRS			
FRI			

LESSON PLAN

WEEK COMMENCING:_____

	PERIOD	PERIOD	PERIOD
	SUBJECT	SUBJECT	SUBJECT
MON			
TUES			
WED			
THRS			
FRI			

LESSON PLAN

WEEK COMMENCING:_____

	PERIOD	PERIOD	PERIOD
	SUBJECT	SUBJECT	SUBJECT
MON			
TUES			
WED			
THRS			
FRI			

LESSON PLAN

WEEK COMMENCING:_____

	PERIOD	PERIOD	PERIOD
	SUBJECT	SUBJECT	SUBJECT
MON			
TUES			
WED			
THRS			
FRI			

LESSON PLAN

WEEK COMMENCING:_____

	PERIOD	PERIOD	PERIOD
	SUBJECT	SUBJECT	SUBJECT
MON			
TUES			
WED			
THRS			
FRI			

LESSON PLAN

WEEK COMMENCING:_____

	PERIOD	PERIOD	PERIOD
	SUBJECT	SUBJECT	SUBJECT
MON			
TUES			
WED			
THRS			
FRI			

LESSON PLAN

WEEK COMMENCING:_____

	PERIOD	PERIOD	PERIOD
	SUBJECT	SUBJECT	SUBJECT
MON			
TUES			
WED			
THRS			
FRI			

LESSON PLAN

WEEK COMMENCING:_____

| | PERIOD | PERIOD | PERIOD |
	SUBJECT	SUBJECT	SUBJECT
MON			
TUES			
WED			
THRS			
FRI			

LESSON PLAN

WEEK COMMENCING:_____

	PERIOD	PERIOD	PERIOD
	SUBJECT	SUBJECT	SUBJECT
MON			
TUES			
WED			
THRS			
FRI			

LESSON PLAN

WEEK COMMENCING:_____

| | PERIOD | PERIOD | PERIOD |
	SUBJECT	SUBJECT	SUBJECT
MON			
TUES			
WED			
THRS			
FRI			

LESSON PLAN

WEEK COMMENCING:_____

	PERIOD	PERIOD	PERIOD
	SUBJECT	SUBJECT	SUBJECT
MON			
TUES			
WED			
THRS			
FRI			

LESSON PLAN

WEEK COMMENCING:_____

	PERIOD	PERIOD	PERIOD
	SUBJECT	SUBJECT	SUBJECT
MON			
TUES			
WED			
THRS			
FRI			

LESSON PLAN

WEEK COMMENCING:_____

	PERIOD	PERIOD	PERIOD
	SUBJECT	SUBJECT	SUBJECT
MON			
TUES			
WED			
THRS			
FRI			

LESSON PLAN

WEEK COMMENCING:_____

	PERIOD	PERIOD	PERIOD
	SUBJECT	SUBJECT	SUBJECT
MON			
TUES			
WED			
THRS			
FRI			

LESSON PLAN

WEEK COMMENCING:_____

	PERIOD	PERIOD	PERIOD
	SUBJECT	SUBJECT	SUBJECT
MON			
TUES			
WED			
THRS			
FRI			

LESSON PLAN

WEEK COMMENCING:_____

| | PERIOD | PERIOD | PERIOD |
	SUBJECT	SUBJECT	SUBJECT
MON			
TUES			
WED			
THRS			
FRI			

LESSON PLAN

WEEK COMMENCING:_____

	PERIOD	PERIOD	PERIOD
	SUBJECT	SUBJECT	SUBJECT
MON			
TUES			
WED			
THRS			
FRI			

LESSON PLAN

WEEK COMMENCING:_____

	PERIOD	PERIOD	PERIOD
	SUBJECT	SUBJECT	SUBJECT
MON			
TUES			
WED			
THRS			
FRI			

LESSON PLAN

WEEK COMMENCING:_____

	PERIOD	PERIOD	PERIOD
	SUBJECT	SUBJECT	SUBJECT
MON			
TUES			
WED			
THRS			
FRI			

LESSON PLAN

WEEK COMMENCING:_____

	PERIOD	PERIOD	PERIOD
	SUBJECT	SUBJECT	SUBJECT
MON			
TUES			
WED			
THRS			
FRI			

LESSON PLAN

WEEK COMMENCING:_____

	PERIOD	PERIOD	PERIOD
	SUBJECT	SUBJECT	SUBJECT
MON			
TUES			
WED			
THRS			
FRI			

LESSON PLAN

WEEK COMMENCING:_____

	PERIOD	PERIOD	PERIOD
	SUBJECT	SUBJECT	SUBJECT
MON			
TUES			
WED			
THRS			
FRI			

LESSON PLAN

WEEK COMMENCING:_____

	PERIOD	PERIOD	PERIOD
	SUBJECT	SUBJECT	SUBJECT
MON			
TUES			
WED			
THRS			
FRI			

LESSON PLAN

WEEK COMMENCING:_____

	PERIOD	PERIOD	PERIOD
	SUBJECT	SUBJECT	SUBJECT
MON			
TUES			
WED			
THRS			
FRI			

LESSON PLAN

WEEK COMMENCING:_____

	PERIOD	PERIOD	PERIOD
	SUBJECT	SUBJECT	SUBJECT
MON			
TUES			
WED			
THRS			
FRI			

LESSON PLAN

WEEK COMMENCING:_____

	PERIOD	PERIOD	PERIOD
	SUBJECT	SUBJECT	SUBJECT
MON			
TUES			
WED			
THRS			
FRI			

LESSON PLAN

WEEK COMMENCING:_____

	PERIOD	PERIOD	PERIOD
	SUBJECT	SUBJECT	SUBJECT
MON			
TUES			
WED			
THRS			
FRI			

LESSON PLAN

WEEK COMMENCING:_____

	PERIOD	PERIOD	PERIOD
	SUBJECT	SUBJECT	SUBJECT
MON			
TUES			
WED			
THRS			
FRI			

LESSON PLAN

WEEK COMMENCING:_____

	PERIOD	PERIOD	PERIOD
	SUBJECT	SUBJECT	SUBJECT
MON			
TUES			
WED			
THRS			
FRI			

LESSON PLAN

WEEK COMMENCING:_____

	PERIOD	PERIOD	PERIOD
	SUBJECT	SUBJECT	SUBJECT
MON			
TUES			
WED			
THRS			
FRI			

LESSON PLAN

WEEK COMMENCING:_____

	PERIOD SUBJECT	PERIOD SUBJECT	PERIOD SUBJECT
MON			
TUES			
WED			
THRS			
FRI			

LESSON PLAN

WEEK COMMENCING:_____

	PERIOD	PERIOD	PERIOD
	SUBJECT	SUBJECT	SUBJECT
MON			
TUES			
WED			
THRS			
FRI			

LESSON PLAN

WEEK COMMENCING:_____

	PERIOD	PERIOD	PERIOD
	SUBJECT	SUBJECT	SUBJECT
MON			
TUES			
WED			
THRS			
FRI			

LESSON PLAN

WEEK COMMENCING:_____

	PERIOD	PERIOD	PERIOD
	SUBJECT	SUBJECT	SUBJECT
MON			
TUES			
WED			
THRS			
FRI			

ATTENDANCE

STUDENTS	M	T	W	T	F	M	T	W	T	F	M	T	W	T	F
Week:															
Date:															
1.															
2.															
3.															
4.															
5.															
6.															
7.															
8.															
9.															
10.															
11.															
12.															
13.															
14.															
15.															
16.															
17.															
18.															
19.															
20.															
21.															
22.															
23.															
24.															
25.															
26.															
27.															
28.															
29.															
30															
31.															
32.															
33.															
34.															
35.															
TOTALS															

ATTENDANCE

	M	T	W	T	F	M	T	W	T	F	M	T	W	T	F	TOTALS PRESENT	ABSENT	LATE
1.																		
2.																		
3.																		
4.																		
5.																		
6.																		
7.																		
8.																		
9.																		
10.																		
11.																		
12.																		
13.																		
14.																		
15.																		
16.																		
17.																		
18.																		
19.																		
20.																		
21.																		
22.																		
23.																		
24.																		
25.																		
26.																		
27.																		
28.																		
29.																		
30																		
31.																		
32.																		
33.																		
34.																		
35.																		

ATTENDANCE

	Week:															
	Date:															
STUDENTS		M	T	W	T	F	M	T	W	T	F	M	T	W	T	F
1.																
2.																
3.																
4.																
5.																
6.																
7.																
8.																
9.																
10.																
11.																
12.																
13.																
14.																
15.																
16.																
17.																
18.																
19.																
20.																
21.																
22.																
23.																
24.																
25.																
26.																
27.																
28.																
29.																
30																
31.																
32.																
33.																
34.																
35.																
TOTALS																

ATTENDANCE

	M	T	W	T	F	M	T	W	T	F	M	T	W	T	F	PRESENT	ABSENT	LATE
																TOTALS		
1.																		
2.																		
3.																		
4.																		
5.																		
6.																		
7.																		
8.																		
9.																		
10.																		
11.																		
12.																		
13.																		
14.																		
15.																		
16.																		
17.																		
18.																		
19.																		
20.																		
21.																		
22.																		
23.																		
24.																		
25.																		
26.																		
27.																		
28.																		
29.																		
30																		
31.																		
32.																		
33.																		
34.																		
35.																		

ATTENDANCE

	Week:																
	Date:																
	STUDENTS	M	T	W	T	F	M	T	W	T	F	M	T	W	T	F
1.																
2.																
3.																
4.																
5.																
6.																
7.																
8.																
9.																
10.																
11.																
12.																
13.																
14.																
15.																
16.																
17.																
18.																
19.																
20.																
21.																
22.																
23.																
24.																
25.																
26.																
27.																
28.																
29.																
30																
31.																
32.																
33.																
34.																
35.																
TOTALS																

ATTENDANCE

	M	T	W	T	F	M	T	W	T	F	M	T	W	T	F	PRESENT	ABSENT	LATE
																TOTALS		
1.																		
2.																		
3.																		
4.																		
5.																		
6.																		
7.																		
8.																		
9.																		
10.																		
11.																		
12.																		
13.																		
14.																		
15.																		
16.																		
17.																		
18.																		
19.																		
20.																		
21.																		
22.																		
23.																		
24.																		
25.																		
26.																		
27.																		
28.																		
29.																		
30																		
31.																		
32.																		
33.																		
34.																		
35.																		

ATTENDANCE

	Week:																
	Date:																
STUDENTS		M	T	W	T	F	M	T	W	T	F	M	T	W	T	F
1.																
2.																
3.																
4.																
5.																
6.																
7.																
8.																
9.																
10.																
11.																
12.																
13.																
14.																
15.																
16.																
17.																
18.																
19.																
20.																
21.																
22.																
23.																
24.																
25.																
26.																
27.																
28.																
29.																
30																
31.																
32.																
33.																
34.																
35.																
TOTALS																

ATTENDANCE

																TOTALS		
																PRESENT	ABSENT	LATE
	M	T	W	T	F	M	T	W	T	F	M	T	W	T	F			
1.																		
2.																		
3.																		
4.																		
5.																		
6.																		
7.																		
8.																		
9.																		
10.																		
11.																		
12.																		
13.																		
14.																		
15.																		
16.																		
17.																		
18.																		
19.																		
20.																		
21.																		
22.																		
23.																		
24.																		
25.																		
26.																		
27.																		
28.																		
29.																		
30																		
31.																		
32.																		
33.																		
34.																		
35.																		

ATTENDANCE

Week:															
Date:															
STUDENTS	M	T	W	T	F	M	T	W	T	F	M	T	W	T	F
1.															
2.															
3.															
4.															
5.															
6.															
7.															
8.															
9.															
10.															
11.															
12.															
13.															
14.															
15.															
16.															
17.															
18.															
19.															
20.															
21.															
22.															
23.															
24.															
25.															
26.															
27.															
28.															
29.															
30															
31.															
32.															
33.															
34.															
35.															
TOTALS															

ATTENDANCE

	M	T	W	T	F	M	T	W	T	F	M	T	W	T	F	TOTALS		
																PRESENT	ABSENT	LATE
1.																		
2.																		
3.																		
4.																		
5.																		
6.																		
7.																		
8.																		
9.																		
10.																		
11.																		
12.																		
13.																		
14.																		
15.																		
16.																		
17.																		
18.																		
19.																		
20.																		
21.																		
22.																		
23.																		
24.																		
25.																		
26.																		
27.																		
28.																		
29.																		
30																		
31.																		
32.																		
33.																		
34.																		
35.																		

ATTENDANCE

	Week:															
	Date:															
STUDENTS		M	T	W	T	F	M	T	W	T	F	M	T	W	T	F
1.																
2.																
3.																
4.																
5.																
6.																
7.																
8.																
9.																
10.																
11.																
12.																
13.																
14.																
15.																
16.																
17.																
18.																
19.																
20.																
21.																
22.																
23.																
24.																
25.																
26.																
27.																
28.																
29.																
30																
31.																
32.																
33.																
34.																
35.																
TOTALS																

ATTENDANCE

																TOTALS		
																PRESENT	ABSENT	LATE
	M	T	W	T	F	M	T	W	T	F	M	T	W	T	F			
1.																		
2.																		
3.																		
4.																		
5.																		
6.																		
7.																		
8.																		
9.																		
10.																		
11.																		
12.																		
13.																		
14.																		
15.																		
16.																		
17.																		
18.																		
19.																		
20.																		
21.																		
22.																		
23.																		
24.																		
25.																		
26.																		
27.																		
28.																		
29.																		
30																		
31.																		
32.																		
33.																		
34.																		
35.																		

ATTENDANCE

	STUDENTS	M	T	W	T	F	M	T	W	T	F	M	T	W	T	F
	Week:															
	Date:															
1.																
2.																
3.																
4.																
5.																
6.																
7.																
8.																
9.																
10.																
11.																
12.																
13.																
14.																
15.																
16.																
17.																
18.																
19.																
20.																
21.																
22.																
23.																
24.																
25.																
26.																
27.																
28.																
29.																
30																
31.																
32.																
33.																
34.																
35.																
TOTALS																

ATTENDANCE

	M	T	W	T	F	M	T	W	T	F	M	T	W	T	F	PRESENT	ABSENT	LATE
																TOTALS		
1.																		
2.																		
3.																		
4.																		
5.																		
6.																		
7.																		
8.																		
9.																		
10.																		
11.																		
12.																		
13.																		
14.																		
15.																		
16.																		
17.																		
18.																		
19.																		
20.																		
21.																		
22.																		
23.																		
24.																		
25.																		
26.																		
27.																		
28.																		
29.																		
30																		
31.																		
32.																		
33.																		
34.																		
35.																		

ATTENDANCE

	Week:															
	Date:															
STUDENTS		M	T	W	T	F	M	T	W	T	F	M	T	W	T	F
1.																
2.																
3.																
4.																
5.																
6.																
7.																
8.																
9.																
10.																
11.																
12.																
13.																
14.																
15.																
16.																
17.																
18.																
19.																
20.																
21.																
22.																
23.																
24.																
25.																
26.																
27.																
28.																
29.																
30																
31.																
32.																
33.																
34.																
35.																
TOTALS																

ATTENDANCE

																TOTALS		
																PRESENT	ABSENT	LATE
	M	T	W	T	F	M	T	W	T	F	M	T	W	T	F			
1.																		
2.																		
3.																		
4.																		
5.																		
6.																		
7.																		
8.																		
9.																		
10.																		
11.																		
12.																		
13.																		
14.																		
15.																		
16.																		
17.																		
18.																		
19.																		
20.																		
21.																		
22.																		
23.																		
24.																		
25.																		
26.																		
27.																		
28.																		
29.																		
30																		
31.																		
32.																		
33.																		
34.																		
35.																		

ATTENDANCE

STUDENTS	Week:						Week:						Week:				
	Date:						Date:						Date:				
	M	T	W	T	F	M	T	W	T	F	M	T	W	T	F
1.																
2.																
3.																
4.																
5.																
6.																
7.																
8.																
9.																
10.																
11.																
12.																
13.																
14.																
15.																
16.																
17.																
18.																
19.																
20.																
21.																
22.																
23.																
24.																
25.																
26.																
27.																
28.																
29.																
30																
31.																
32.																
33.																
34.																
35.																
TOTALS																

ATTENDANCE

	M	T	W	T	F	M	T	W	T	F	M	T	W	T	F	TOTALS		
																PRESENT	ABSENT	LATE
1.																		
2.																		
3.																		
4.																		
5.																		
6.																		
7.																		
8.																		
9.																		
10.																		
11.																		
12.																		
13.																		
14.																		
15.																		
16.																		
17.																		
18.																		
19.																		
20.																		
21.																		
22.																		
23.																		
24.																		
25.																		
26.																		
27.																		
28.																		
29.																		
30																		
31.																		
32.																		
33.																		
34.																		
35.																		

GRADING TRACKER

Subject:																
W/C: Date:																
STUDENTS																
1.																
2.																
3.																
4.																
5.																
6.																
7.																
8.																
9.																
10.																
11.																
12.																
13.																
14.																
15.																
16.																
17.																
18.																
19.																
20.																
21.																
22.																
23.																
24.																
25.																
26.																
27.																
28.																
29.																
30																
31.																
32.																
33.																
34.																
35.																

GRADING TRACKER

	Subject:																	
W/C:	Date:																	
STUDENTS																		
1.																		
2.																		
3.																		
4.																		
5.																		
6.																		
7.																		
8.																		
9.																		
10.																		
11.																		
12.																		
13.																		
14.																		
15.																		
16.																		
17.																		
18.																		
19.																		
20.																		
21.																		
22.																		
23.																		
24.																		
25.																		
26.																		
27.																		
28.																		
29.																		
30																		
31.																		
32.																		
33.																		
34.																		
35.																		

GRADING TRACKER

Subject:

W/C:	Date:																		
STUDENTS																			
1.																			
2.																			
3.																			
4.																			
5.																			
6.																			
7.																			
8.																			
9.																			
10.																			
11.																			
12.																			
13.																			
14.																			
15.																			
16.																			
17.																			
18.																			
19.																			
20.																			
21.																			
22.																			
23.																			
24.																			
25.																			
26.																			
27.																			
28.																			
29.																			
30																			
31.																			
32.																			
33.																			
34.																			
35.																			

GRADING TRACKER

Subject:

W/C: Date:

STUDENTS																
1.																
2.																
3.																
4.																
5.																
6.																
7.																
8.																
9.																
10.																
11.																
12.																
13.																
14.																
15.																
16.																
17.																
18.																
19.																
20.																
21.																
22.																
23.																
24.																
25.																
26.																
27.																
28.																
29.																
30																
31.																
32.																
33.																
34.																
35.																

GRADING TRACKER

Subject:

W/C: Date:

STUDENTS

1.
2.
3.
4.
5.
6.
7.
8.
9.
10.
11.
12.
13.
14.
15.
16.
17.
18.
19.
20.
21.
22.
23.
24.
25.
26.
27.
28.
29.
30
31.
32.
33.
34.
35.

GRADING TRACKER

Subject:															

W/C:	Date:														
STUDENTS															
1.															
2.															
3.															
4.															
5.															
6.															
7.															
8.															
9.															
10.															
11.															
12.															
13.															
14.															
15.															
16.															
17.															
18.															
19.															
20.															
21.															
22.															
23.															
24.															
25.															
26.															
27.															
28.															
29.															
30															
31.															
32.															
33.															
34.															
35.															

GRADING TRACKER

Subject:															
W/C: Date:															
STUDENTS															
1.															
2.															
3.															
4.															
5.															
6.															
7.															
8.															
9.															
10.															
11.															
12.															
13.															
14.															
15.															
16.															
17.															
18.															
19.															
20.															
21.															
22.															
23.															
24.															
25.															
26.															
27.															
28.															
29.															
30															
31.															
32.															
33.															
34.															
35.															

GRADING TRACKER

	Subject:																			
W/C:	Date:																			
STUDENTS																				
1.																				
2.																				
3.																				
4.																				
5.																				
6.																				
7.																				
8.																				
9.																				
10.																				
11.																				
12.																				
13.																				
14.																				
15.																				
16.																				
17.																				
18.																				
19.																				
20.																				
21.																				
22.																				
23.																				
24.																				
25.																				
26.																				
27.																				
28.																				
29.																				
30																				
31.																				
32.																				
33.																				
34.																				
35.																				

GRADING TRACKER

STUDENTS	Subject:																
W/C: Date:																	
1.																	
2.																	
3.																	
4.																	
5.																	
6.																	
7.																	
8.																	
9.																	
10.																	
11.																	
12.																	
13.																	
14.																	
15.																	
16.																	
17.																	
18.																	
19.																	
20.																	
21.																	
22.																	
23.																	
24.																	
25.																	
26.																	
27.																	
28.																	
29.																	
30																	
31.																	
32.																	
33.																	
34.																	
35.																	

GRADING TRACKER

	Subject:																		
W/C:	**Date:**																		
STUDENTS																			
1.																			
2.																			
3.																			
4.																			
5.																			
6.																			
7.																			
8.																			
9.																			
10.																			
11.																			
12.																			
13.																			
14.																			
15.																			
16.																			
17.																			
18.																			
19.																			
20.																			
21.																			
22.																			
23.																			
24.																			
25.																			
26.																			
27.																			
28.																			
29.																			
30																			
31.																			
32.																			
33.																			
34.																			
35.																			

GRADING TRACKER

	Subject:															
W/C:	Date:															
STUDENTS																
1.																
2.																
3.																
4.																
5.																
6.																
7.																
8.																
9.																
10.																
11.																
12.																
13.																
14.																
15.																
16.																
17.																
18.																
19.																
20.																
21.																
22.																
23.																
24.																
25.																
26.																
27.																
28.																
29.																
30																
31.																
32.																
33.																
34.																
35.																

GRADING TRACKER

Subject:																
W/C:	Date:															
STUDENTS																
1.																
2.																
3.																
4.																
5.																
6.																
7.																
8.																
9.																
10.																
11.																
12.																
13.																
14.																
15.																
16.																
17.																
18.																
19.																
20.																
21.																
22.																
23.																
24.																
25.																
26.																
27.																
28.																
29.																
30																
31.																
32.																
33.																
34.																
35.																

GRADING TRACKER

Subject:																
W/C: **Date:**																
STUDENTS																
1.																
2.																
3.																
4.																
5.																
6.																
7.																
8.																
9.																
10.																
11.																
12.																
13.																
14.																
15.																
16.																
17.																
18.																
19.																
20.																
21.																
22.																
23.																
24.																
25.																
26.																
27.																
28.																
29.																
30																
31.																
32.																
33.																
34.																
35.																

GRADING TRACKER

	Subject:																
W/C:	**Date:**																
STUDENTS																	
1.																	
2.																	
3.																	
4.																	
5.																	
6.																	
7.																	
8.																	
9.																	
10.																	
11.																	
12.																	
13.																	
14.																	
15.																	
16.																	
17.																	
18.																	
19.																	
20.																	
21.																	
22.																	
23.																	
24.																	
25.																	
26.																	
27.																	
28.																	
29.																	
30																	
31.																	
32.																	
33.																	
34.																	
35.																	

GRADING TRACKER

	Subject:																
W/C:	**Date:**																
STUDENTS																	
1.																	
2.																	
3.																	
4.																	
5.																	
6.																	
7.																	
8.																	
9.																	
10.																	
11.																	
12.																	
13.																	
14.																	
15.																	
16.																	
17.																	
18.																	
19.																	
20.																	
21.																	
22.																	
23.																	
24.																	
25.																	
26.																	
27.																	
28.																	
29.																	
30																	
31.																	
32.																	
33.																	
34.																	
35.																	

GRADING TRACKER

Subject:

W/C:	Date:	STUDENTS																			
1.																					
2.																					
3.																					
4.																					
5.																					
6.																					
7.																					
8.																					
9.																					
10.																					
11.																					
12.																					
13.																					
14.																					
15.																					
16.																					
17.																					
18.																					
19.																					
20.																					
21.																					
22.																					
23.																					
24.																					
25.																					
26.																					
27.																					
28.																					
29.																					
30																					
31.																					
32.																					
33.																					
34.																					
35.																					

GRADING TRACKER

Subject:																	
W/C: Date:																	
STUDENTS																	
1.																	
2.																	
3.																	
4.																	
5.																	
6.																	
7.																	
8.																	
9.																	
10.																	
11.																	
12.																	
13.																	
14.																	
15.																	
16.																	
17.																	
18.																	
19.																	
20.																	
21.																	
22.																	
23.																	
24.																	
25.																	
26.																	
27.																	
28.																	
29.																	
30																	
31.																	
32.																	
33.																	
34.																	
35.																	

GRADING TRACKER

Subject:															
W/C: Date:															
STUDENTS															
1.															
2.															
3.															
4.															
5.															
6.															
7.															
8.															
9.															
10.															
11.															
12.															
13.															
14.															
15.															
16.															
17.															
18.															
19.															
20.															
21.															
22.															
23.															
24.															
25.															
26.															
27.															
28.															
29.															
30															
31.															
32.															
33.															
34.															
35.															

STUDENTS WITH SPECIAL NEEDS OR ADJUSTMENTS

NAME	PERIOD	INSTRUCTIONS

STUDENTS WITH SPECIAL NEEDS OR ADJUSTMENTS

NAME	PERIOD	INSTRUCTIONS

UPCOMING EDUCATIONAL EVENTS

DATE	TIME	VENUE	EVENT	COST

UPCOMING EDUCATIONAL EVENTS

DATE	TIME	VENUE	EVENT	COST

TEACHERS DAILY SCHEDULE

	MON	TUES	WED	THRS	FRI
1					
2					
3					
4					
5					
6					

SPECIAL CLASSES OR DUTIES

DATE	TIME	ROLE	NOTES

COMMENTS

_____
_____
_____
_____
_____
_____
_____
_____
_____

TEACHERS DAILY SCHEDULE

	MON	TUES	WED	THRS	FRI
1					
2					
3					
4					
5					
6					

SPECIAL CLASSES OR DUTIES

DATE	TIME	ROLE	NOTES

COMMENTS

_____
_____
_____
_____
_____
_____
_____
_____
_____

TEACHERS DAILY SCHEDULE

	MON	TUES	WED	THRS	FRI
1					
2					
3					
4					
5					
6					

SPECIAL CLASSES OR DUTIES

DATE	TIME	ROLE	NOTES

COMMENTS

_____
_____
_____
_____
_____
_____
_____
_____
_____

TEACHERS DAILY SCHEDULE

	MON	TUES	WED	THRS	FRI
1					
2					
3					
4					
5					
6					

SPECIAL CLASSES OR DUTIES

DATE	TIME	ROLE	NOTES

COMMENTS

_____
_____
_____
_____
_____
_____
_____
_____
_____

NOTES

NOTES

NOTES

NOTES

NOTES

NOTES

NOTES

NOTES

NOTES

NOTES

Made in the USA
Las Vegas, NV
30 November 2024

12944385R10063